国网河北营销中心
智慧用电科普基地

E 起充电吧

新能源汽车的"加油站"

陶 鹏　陈 磊　武光华　郭 威
张 宁　南 开　李 飞　张 艳 ◎ 著
吕云彤　霍 伟

中国电力出版社
CHINA ELECTRIC POWER PRESS

图书在版编目（CIP）数据

新能源汽车的"加油站" / 陶鹏等著. -- 北京：中国电力出版社，
2025. 2（2025. 5重印）. --（E起充电吧）. -- ISBN 978-7-5198-9593-8

Ⅰ. U469.7-49

中国国家版本馆 CIP 数据核字第 202514P9L8 号

出版发行：中国电力出版社
地　　址：北京市东城区北京站西街 19 号（邮政编码 100005）
网　　址：http://www.cepp.sgcc.com.cn
责任编辑：陈　丽
责任校对：黄　蓓　张晨荻
装帧设计：赵姗姗　锋尚设计
责任印制：石　雷

印　　刷：北京瑞禾彩色印刷有限公司
版　　次：2025 年 2 月第一版
印　　次：2025 年 5 月北京第二次印刷
开　　本：787 毫米 ×1092 毫米　16 开本
印　　张：2.25
字　　数：30 千字
定　　价：20.00 元

寄 语

亲爱的读者：

　　您好！

　　电是我们生活中密不可分的"小伙伴"，它如同充满活力的精灵，跳跃奔跑在每一个角落，为我们的生活带来了前所未有的便利与繁荣。

　　您知道电是从哪里来的吗？您知道电是如何输送储存的吗？您知道电力科技是如何改变生活的吗？在此，非常荣幸地向您推荐《E起充电吧》系列电力科普丛书，这是一套由国网河北省电力有限公司营销服务中心（简称国网河北营销中心）的电力科技工作者们精心编制的电力前沿科学技术知识的趣味科普丛书。

　　《E起充电吧》系列电力科普丛书将科学性和趣味性融为一体，以大家喜闻乐见的故事为载体，采用生活化的语言，轻松揭开电力前沿科学技术的神秘面纱，通过画册的形式将深奥的科学知识讲得形象生动。书中的主人公小智在智慧用电科普基地电力科普小使者小E的带领下，前往桃花源探索微电网背后的奥秘，通过乘坐无人驾驶汽车了解无人驾驶的科学原理，在给电动汽车充电的过程中认识不同类型充电桩的神奇功能，利用穿梭机进入光伏板内部零距离观察光电转化的秘密，在储能电池内部参观电能被储存和释放的科学过程。

　　善读书，读好书。一本好的科普读物犹如一匹骏马，带您不断向前奔驰；一本好的科普读物恰似一座宝藏，让您不停探索奥秘；一本好的科普读物宛若一双翅膀，载您尽情翱翔蓝天。那么，接下来就让我们跟着《E起充电吧》开启愉快的科普阅读之旅吧！

　　最后，祝您在阅读中发现更多电力的奥秘与乐趣！

国网河北省电力有限公司营销服务中心

2024年10月

基地简介

国网河北营销中心智慧用电科普基地，是国网河北营销中心倾力打造的集研学、创新、实践、科普为一体的电力特色科普基地。基地致力于电力科普工作，宣传最新电力成果、传播电力科学知识、普及安全用电常识、开展科普教育活动，促进全民科学素质提升。基地先后被命名为"河北省科普教育基地""河北省科普示范基地""电力科普教育基地""能源科普教育基地"。

欢迎关注"智慧用电科普基地官方微信"学习有趣好玩的电力知识，了解电力前沿动态。

智慧用电科普基地官方微信

人物介绍

小E：电力科普小使者，来自国网河北营销中心智慧用电科普基地，精通电力科学知识，热衷于探索一切关于电力的创新科技，喜欢科普电力世界的科学知识和原理，是孩子们学习成长过程中的好伙伴。

小智：性格开朗的阳光男孩，对未知的世界充满好奇，对科学知识充满渴望，喜欢探索新鲜事物，热衷观察生活，擅长思考钻研科学问题。

小智爸爸：成熟稳重的中年男士，富有责任心，拥有丰富的专业知识和社会经验，是孩子们的良师益友。

暑期夏令营结束了，小智背着书包走出营地的大门，很快在人群中找到了来接自己的爸爸和小E。

　　小智挥着手高声喊道："爸爸，小E，我在这！"

　　"快上车，我们赶紧回家，妈妈还在家里等着呢！"爸爸招呼道。

汽车缓缓发动，离开了热闹的人群，向家的方向驶去。

行驶了一段时间后，汽车的仪表盘亮起红灯，提示电量不足。

爸爸挠头道："糟糕，昨晚忘记充电，现在汽车快没电了！"

小E摆摆手说："没关系，我们可以去超级充电站给汽车充电，很快就能充满。"

超级充电站

于是，为了给电动汽车充电，爸爸带着小智和小E向超级充电站驶去。来到超级充电站，首先映入眼帘的是一排中间铺着"地毯"的车位。

小智惊奇地指着"地毯"问道："为什么车位上铺着'毯子'呀？"

无线充电桩说："我是无线充电桩，地上的'毯子'是我的充电感应装置，它可以通过汽车底盘上的接收装置给汽车充电。就像智能手机使用的无线充电一样，不用充电线，就可以完成充电。"

小智问道:"那我们可以在这里充电吗?"

无线充电桩测试了一下:"抱歉,我没有感应到您汽车上的接收装置,所以不能给您的汽车充电。"

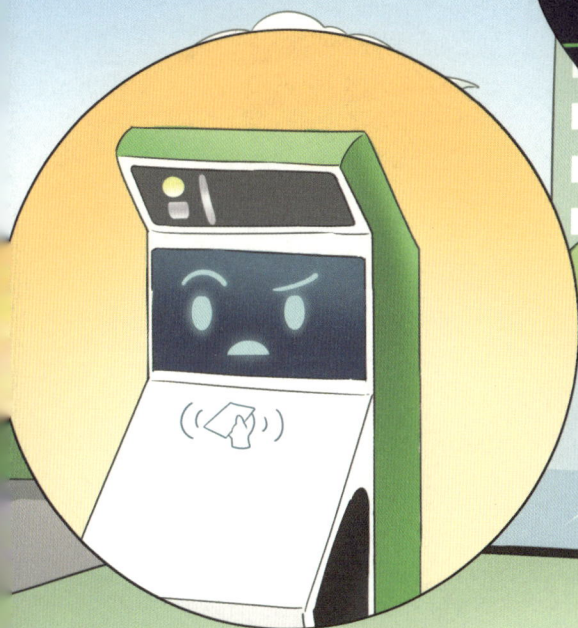

爸爸继续开车向前行驶，他们又来到一处新的充电区。这时小智指着墙壁上安装的"方盒子"，惊喜地说道："快看，这个充电桩和家里安装的一模一样，我们可以在这里充电啦！"

充电桩说："我是交流充电桩，大家也叫我慢充桩，我通过提供电力输出，利用车载充电机转换成直流电为电动汽车充电。我的充电枪口有7个孔，我的功率是7千瓦，给汽车充满电需要6~10个小时，适合在夜间或长时间停车时使用。"

夜间使用

7千瓦

7孔

安装灵活

小E说道："交流充电桩技术成熟，安装灵活，接入家用电就能使用，应用范围比较广。"

小智兴奋地说：“我们正好在这里充电！”

爸爸说：“这次不行，它充电时间太长了，我们需要快速充满电，妈妈还在家等我们呢。”

爸爸开着汽车继续向前行驶，来到一排充电桩面前。

小智指着带有V2G标志的充电桩问："你是可以快速充电的充电桩吗？"

V2G充电桩回答："我是交流充电桩的升级版——V2G充电桩，既能为汽车充电，又能把汽车中的电反向输送给电网。"

小E说道："V2G充电桩在充电时可以看作是普通的交流桩，它的充电时间也比较长。"

汽车来到最后一排充电桩面前，小智问道："你们是可以快速充电的充电桩吗？"

直流充电桩回答："是的，我就是快充桩，你也可以叫我直流充电桩，我可以把交流电转化为直流电，然后直接为汽车电池充电，我的充电速度很快，在1小时内就能给汽车充满电。"

小E说:"虽然直流充电桩充电速度和效率比交流桩有显著提升,但是安装复杂,配套设施多,多用于各类公共充电站。"

小智问道:"咦,为什么这些直流充电桩大小不一样啊?"

小E回答道:"这和直流充电桩的充电功率相关,功率越大,充电桩的体积也就越大,而且充电功率越大,充电时间越短,现在常用的直流桩有60千瓦和120千瓦等。"

安装复杂

维护烦琐

小智又问道："我们应该用哪一个充电桩？"

小E回答："一般家用汽车使用的是60千瓦的充电桩，120千瓦的充电桩是给大型车辆，如公交车、轻型载货车等使用的。"

拓展阅读

充电桩的类型

（1）根据安装方式不同，主要分为落地式充电桩和挂壁式充电桩。

💡 落地式充电桩：适合安装在不靠近墙体的停车位。

💡 挂壁式充电桩：适合安装在靠近墙体的停车位。

扫码观看科普短视频：
电动汽车充电桩 绿色
交通驶向低碳未来

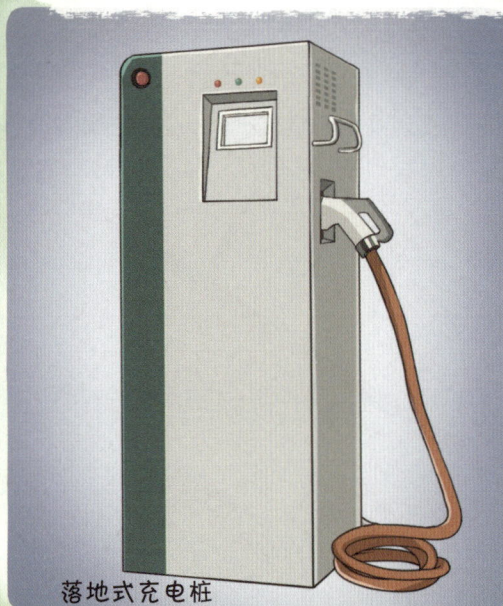

落地式充电桩

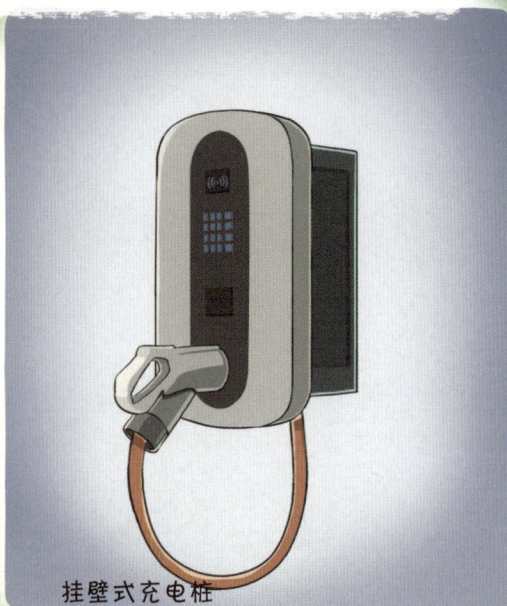

挂壁式充电桩

（2）根据安装地点不同，分为公共充电桩、专用充电桩和自用充电桩。

💡 公共充电桩：建设在各类公共充电站，为社会车辆提供公共充电服务的充电桩。

💡 专用充电桩：建设单位（企业）自有停车场（库），为单位（企业）内部人员使用的充电桩。

💡 自用充电桩：建设在个人自有车位（库），为个人提供充电的充电桩。

（3）根据充电接口不同，主要分为一桩一充和一桩多充。

💡 一桩一充：一个充电桩仅为一辆新能源汽车充电。

💡 一桩多充：一个充电桩多个接口，可同时为一辆以上新能源汽车充电。

（4）根据供电方式不同，可以分为直流充电桩和交流充电桩。

💡 直流充电桩：输入端直接接入电网，输出端直接为新能源汽车动力电池充电，输出的电压和电流可调范围大，实现新能源汽车快速充电。

💡 交流充电桩：不具备充电功能，只是提供电力输出，还需连接车载充电机转换为直流电后为新能源汽车动力电池充电。由于新能源汽车车载充电机的功率一般都比较小，所以交流充电桩无法实现快速充电。

直流充电桩	交流充电桩

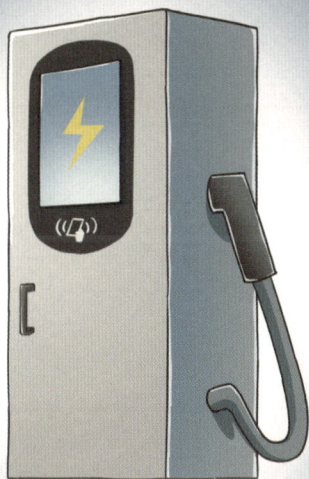

充电桩的工作原理

将电网输出的交流电转化成符合要求的直流电，再将直流电传输到车辆的电池中完成充电。整个充电过程主要涉及电能转换和传输方式两个方面。

电能转换

在电能传输过程中，充电机内的转换器会将交流电转换为直流电以适应车辆电池的充电需求。转换过程根据充电桩的种类而有所不同，交流充电桩通过车载充电机完成，而直流充电桩通过桩内的充电机模块完成。

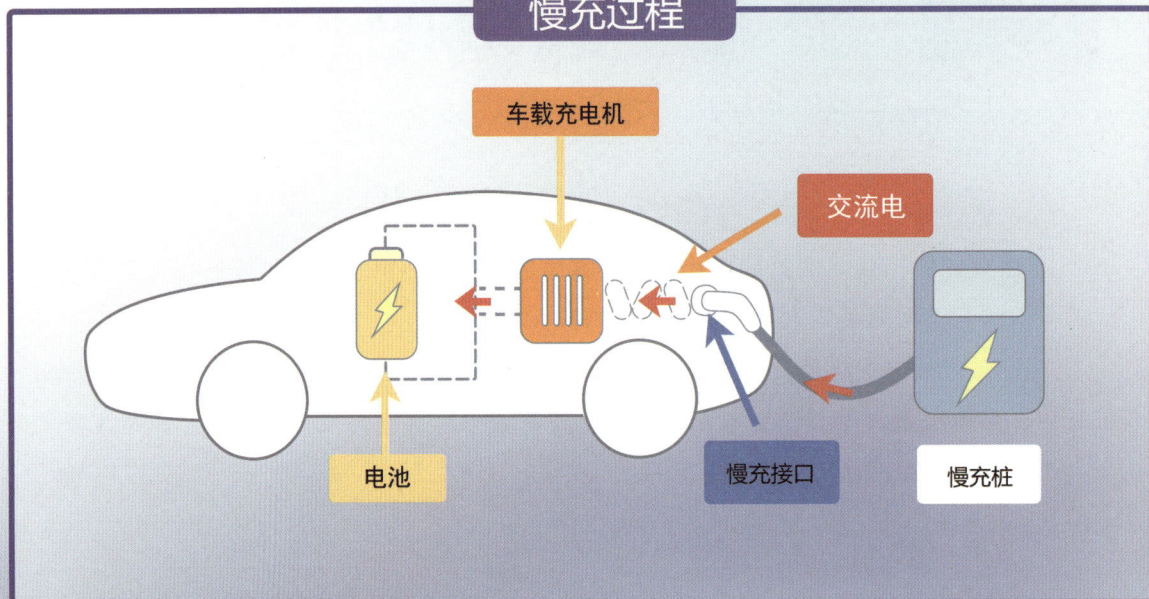

慢充过程

车载充电机

交流电

电池

慢充接口

慢充桩

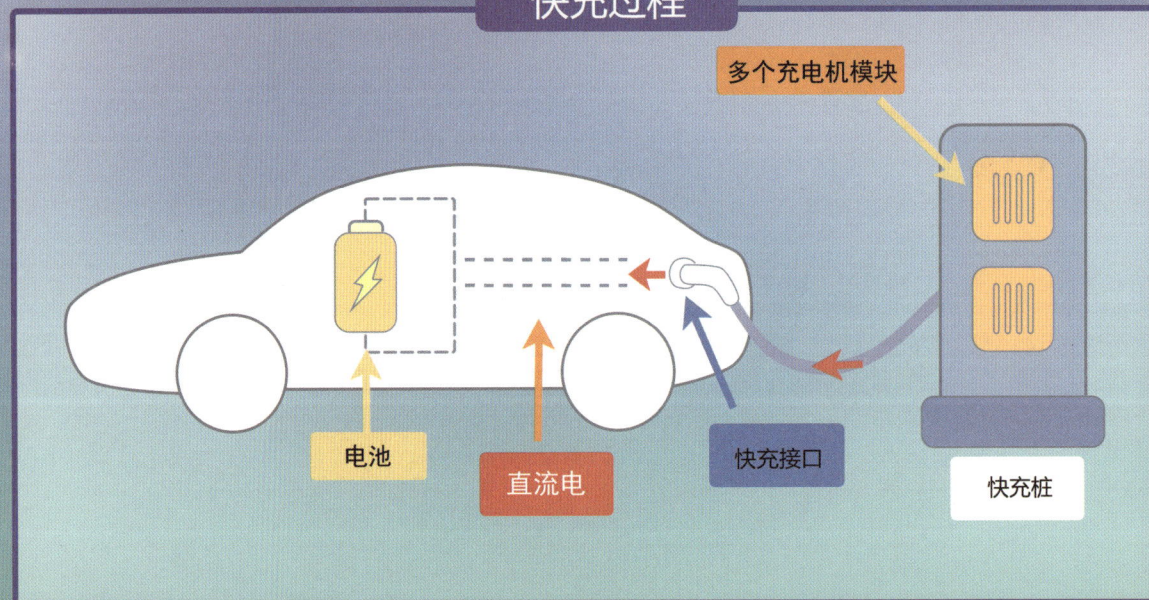

快充过程

多个充电机模块

电池

直流电

快充接口

快充桩

💡 传输方式

电能传输方式主要有两种：有线传输和无线传输。有线传输是通过电缆将电能传输到新能源汽车的电池中，无线传输则是通过磁场将电能传输到新能源汽车的电池中。目前，无线传输技术还处于研究和开发阶段，尚未广泛应用。

有线传输

无线传输

充电桩的充电方式

直流快充

通过直流充电桩实现，高效但复杂。多配备于集中式的各类公共充电站。

直流快充

交流慢充

简单但低效，技术成熟，以量取胜，主要面向个人、家庭用电动汽车。

交流慢充

无线充电

通过充电装置和汽车内的接收装置，分别发射和接收电能，实现"即停即充"，与日常生活中的无线手机、无线耳机充电类似。

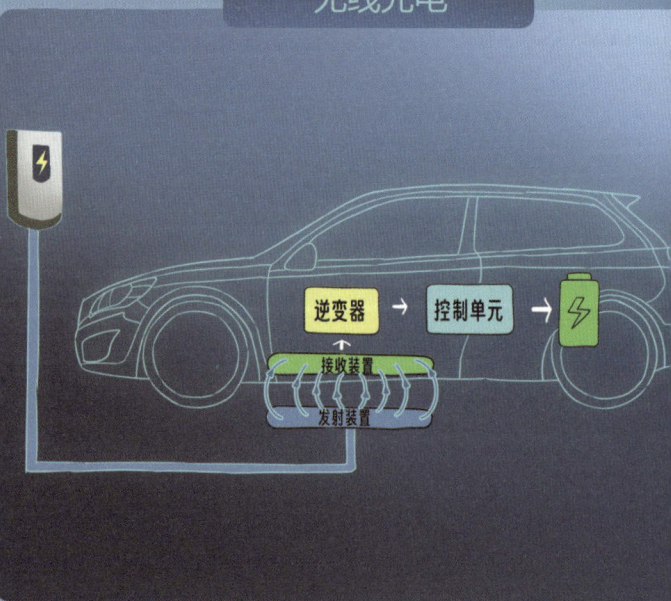

无线充电

逆变器 → 控制单元 →

接收装置

发射装置

如何区分快慢充?

　　直流充电桩（快充）的接口是9孔，交流充电桩（慢充）的接口是7孔。另外，从充电线也可以看出快充和慢充，快充的充电线相对更粗一些。

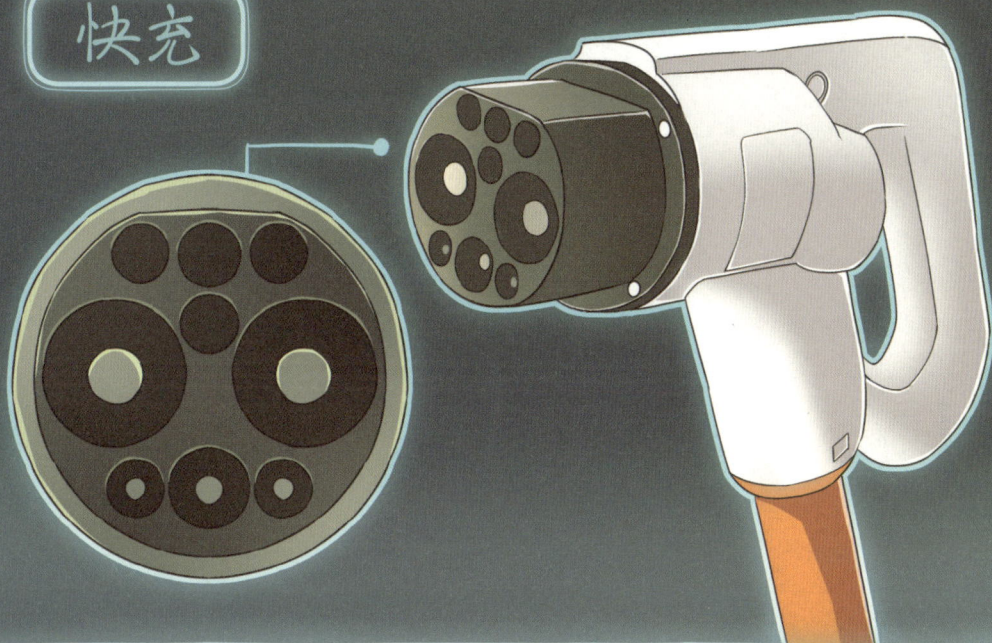

快充

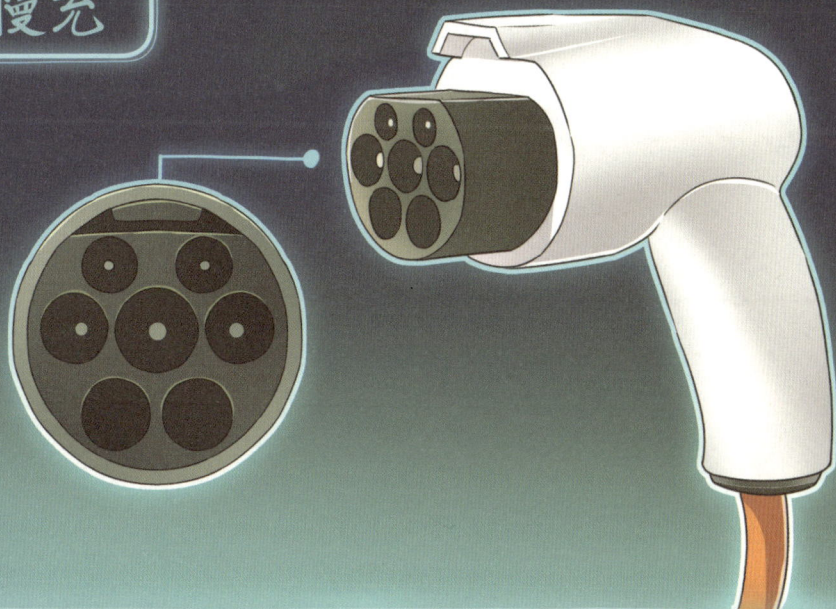

慢充

慢充好还是快充好？

慢充效率低，充电时间较长，适合在长时间停驶时补电。快充功率较高，充电时间较短，适合临时应急补电，但会影响电池使用寿命。因此，在不追求充电时间和条件允许的情况下，可以优先使用慢充。

💡 下雨天可以充电吗？

电动汽车充电口具备一定的防水能力，密封性良好，普通雨天是可以充电的，但在插拔充电枪时要注意遮挡，以防雨水进入充电口内部。如果遇到极端雷暴天气，则应避免在户外充电，以防发生危险。

💡 充电时可以坐车里吗？

正常充电过程中，坐车里休息是安全的，但最好不要开空调、音响等，以免影响汽车充电速度。因此，小E建议大家在充电时，可以下车走一走，呼吸一下新鲜空气。

阅读笔记

阅读笔记